WIRE ART
針金細工

著
中島郁子

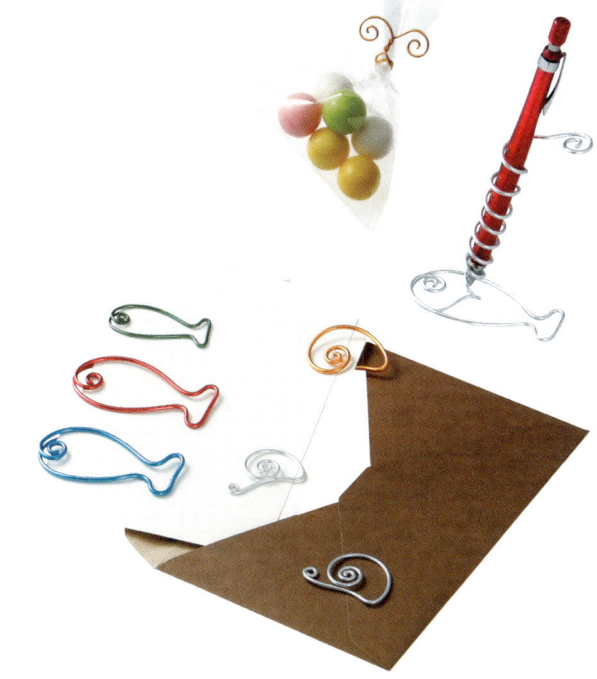

はじめに

　折って、曲げて、まきつけて。

　くねくね曲がる針金（英語名wire・ワイヤー）は、どこにでもある身近なものです。きっとみなさんも一度は使ったことがあるでしょう。

　針金とは、金属の棒をひもや糸のように、細く長くのばした材料のことです。遠い昔から作られていて、人々の暮らしの役に立ってきました。

　現在知られているもっとも古い針金は、なんと入れ歯！エジプトのピラミッド近くのお墓で見つかった入れ歯に、金の針金が使われていたそうです。

　大昔、針金を作りだすことはとてもむずかしく、針金は王様のアクセサリーに使われるような特別な材料でした。時代とともに針金を作る技術も発展しました。針金は長くじょうぶになり、より広く使われるようになりました。

　今では、びっくりするほどたくさんの種類の針金が、ありとあらゆるところで使われています。アクセサリーや雑貨、工作素材としてはもちろん、金網やばねなど、針金は世界じゅうで人々の生活を便利に、そして豊かにしています。

　この本では、針金の歴史や、日本や世界の針金細工、針金を使った楽しい工作などを紹介します。ぜひ一度、なにかひとつ作品を作ってみましょう。

　一本の針金からいろいろな世界をのぞいてみませんか？

目次

はじめに ………………… 2	作ってみよう ………………… 18
世界の伝統的針金工作	◇基本テクニック ………………… 19
◇スロバキア ………………… 4	初級
◇チュニジア ………………… 6	◇海のクリップとお魚ペン立て ………… 20
◇南アフリカ ………………… 7	◇ミニチュアいすとテーブル ………… 21
日本の伝統的針金工作	中級
◇青森ねぶた ………………… 8	◇編みこみバスケットと仲間たち ……… 22
◇ねぶたができるまで ………………… 9	上級
◇京都金網細工 ………………… 12	◇ちょうととんぼ ………………… 24
◇秋田銀線細工 ………………… 13	◇クラウンとアクセサリー ………… 26
世界と日本の現代作家 ………………… 14	伝承遊び
針金の伝承遊び	◇ゴム鉄砲 ………………… 27
◇大道芸・針金細工 ………………… 16	針金と針金細工の歴史
	◇世界の針金と針金細工 ………………… 28
	◇日本の針金と針金細工 ………………… 30
	◇現代の針金(世界・日本)／これからの針金 … 31
	あとがき ………………… 32

世界の伝統的針金工作

スロバキア

暮らしに使う道具やおみやげ品など、針金細工は、世界じゅうで昔から作られ、人々に親しまれてきました。東ヨーロッパの国スロバキアでは、古くから針金細工を作りつづけ、その技術を伝統工芸にまで高めました。

針金細工師
道具一式を持って、世界じゅうを旅した針金細工の職人さんの姿をかたどっています。鉄製の針金で作り、油絵の具で色をつけてあります。

4ページの作品すべてと5ページ「鳥」
ヨゼフ・ケラク／1941〜1942年制作

針金細工師見習い
針金でできている体の向こうが、すけて見えてふしぎです。

魔女（左）
肩にふくろうをのせた魔女の人形です。顔や手は石こうに色をぬっているようです。

女王様（右）
お祭りのときにかざる女王様の人形です。

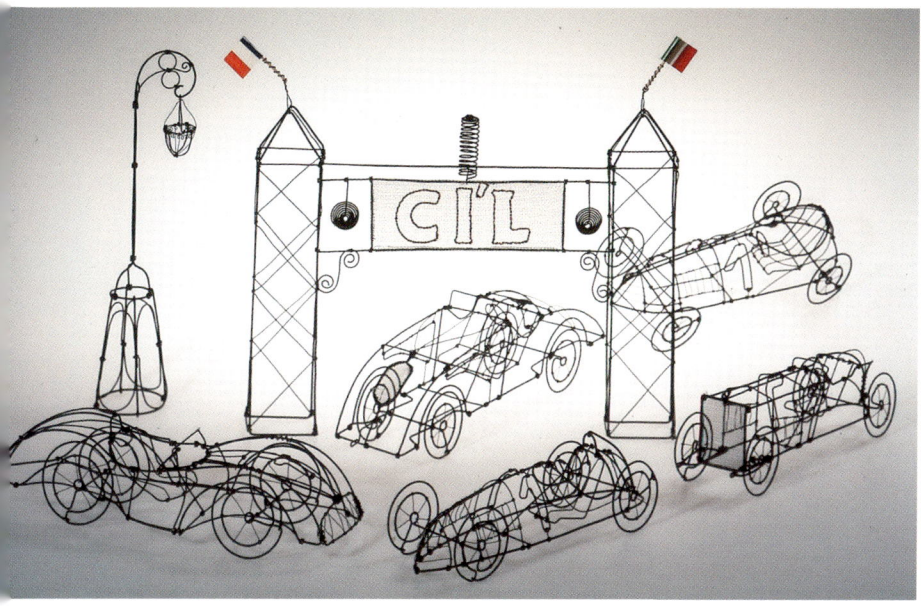

自動車レース
オープンカーにクラシックカー。今にも走り出しそうです。鉄製の針金で作られています。
ダヴィド・コザク／1998年制作

鳥 スロバキアでも鳥は身近な生きものです。左ページの魔女のふくろうなど、いろいろな鳥の形が作られています。

ミニチュア家具
かざるための雑貨です。錫の針金で作られています。
ヨーロッパやアメリカに移り住んだスロバキアの職人さんたちによって、すてきな雑貨がたくさん作られるようになりました。
作者不明／20世紀前半の制作

いすとテーブルセット

ベッド

ゆりかご

作品はすべて、スロバキア・ジリナ市ポバシスケー博物館蔵

チュニジア

北アフリカ、地中海沿いのチュニジア共和国。青い空と海が広がる美しい街シディ・ブ・サイドでは、イスラム教の神殿「モスク」の形をした、針金細工の鳥かごが作られています。

針金細工の鳥かご

（左）木わくは、オリーブの木で作られています。
（中央）アルミの廃材を、小さく切って青くぬったとめ具を使っています。
（右）シディ・ブ・サイドの街では、あちらこちらで鳥かごを見かけます。
撮影／（左）と（右）チュニジア共和国大使館　（中央）神崎大明

ヨーロッパスタイル

王様や貴族の館をかざるために、シャンデリアやキャンドルスタンドなど豪華な針金細工が作られました。
現在では日本でもそのデザインを生かした製品を見ることができます。

おしゃれな雑貨店にて
（東京・F.O.B COOP）

南アフリカ

アフリカ大陸のいちばん南に位置する南アフリカ共和国では、ごみとしてすてられていた電話線ワイヤーをリサイクルした、すばらしい色使いと模様の針金細工が作られています。

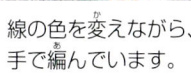

線の色を変えながら、手で編んでいます。

かご、つぼ、うつわ
模様にはそれぞれ意味があり、ひとつとして同じものはありません。

作品はすべて、シーラ・ングバネ南アフリカ共和国大使夫人蔵　作者不明

日本の伝統的針金工作

青森ねぶた

お祭りの人形、生活の中で使う道具、アクセサリー。日本ならではの細かく手間のかかったすばらしい細工物が、各地で受け継がれています。青森ねぶた祭りでは、真夏の夜に明かりをつけた大きなねぶた人形が、街中をねり歩きます。ねぶた人形は、針金をたくさん組み合わせて作られています。

ねぶた祭り

毎年8月2日〜7日に青森市内で開かれます。世界各地から350万人以上の観光客がおとずれる華やかなお祭りです。

2007年夏
JRねぶた実行委員会
「酒呑童子」
竹浪比呂央／作

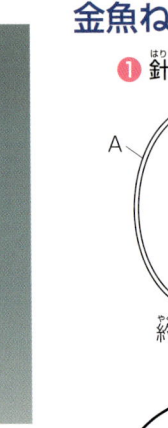

金魚ねぶた

ねぶた人形と同じ作り方の、小さな金魚のちょうちんです。中に電球を入れて明かりをつけてかざります。

金魚ねぶたのかんたんな作り方

❶ 針金でわくを作ります。

A：輪を作る
2〜2.5mm
約20cm

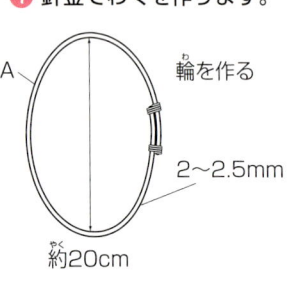

輪を3つ作り、重ね合わせる

A：いちばん内側
B：A＋針金1本分
C：B＋針金1本分

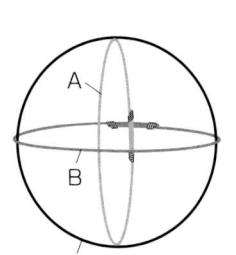

尾びれを作る
2〜2.5mm

❷ 和紙をはります。

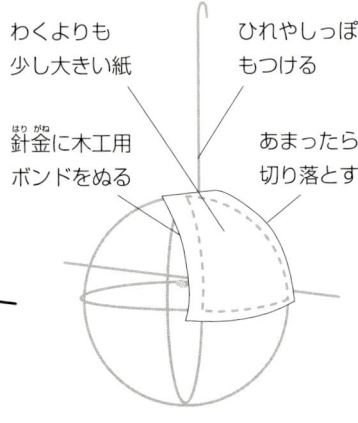

わくよりも少し大きい紙
ひれやしっぽもつける
針金に木工用ボンドをぬる
あまったら切り落とす

❸ かわいたら、金魚の絵をかきます。
（ほんものの金魚ねぶたでは、とかしたろうそくをぬって、半透明にします）

❹ 中に電球を入れます。

ねぶたができるまで

1 原画をかいてから、木でしんを組み立て、針金で形を作ります。
最初は大まかに作り、どんどんつぎ足したりやり直したりして形を整えます。

①人形が完成した姿を想像して、絵をかきます。

②木でじょうぶなしんを組み立て、針金で人形の形を作ります。このときに、電球や配線もとりつけます。

③細かい部分まで作ります。針金だけでも足の形に見えます。

2 白い和紙を、針金で作った面に合わせ、一ます一ますはっていきます。
細かいところや、まるい面に紙をはるのは、とてもむずかしいそうです。

①針金に木工用ボンドをぬり、白い和紙をはります。ボンドが紙の表につかないよう注意します。

②細かいところにも、一ます一ます紙をはります。

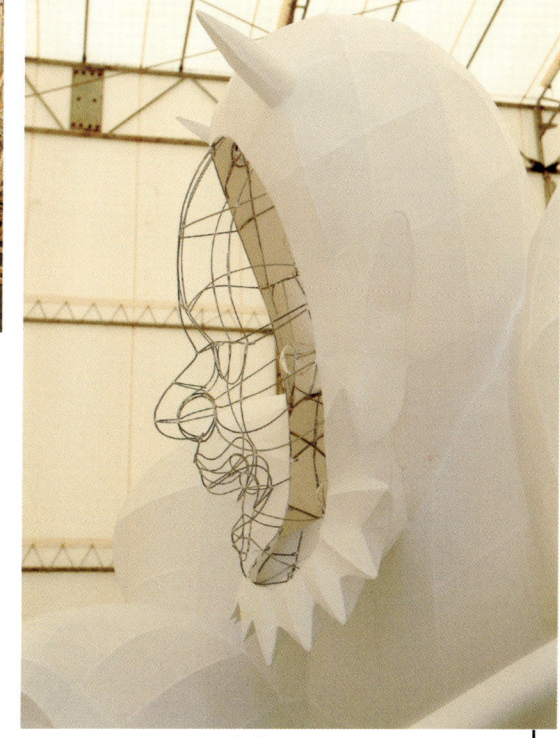
③顔の部分だけが針金です。鬼の顔がはっきりわかります。

ねぶた式・針金のとめ方

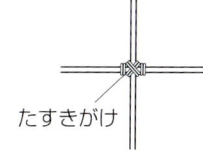
たすきがけ

2本重ねる

❶ 糸を約30cmにたくさん切っておきます。

❷ 十字になるように、糸をたがいちがいにまきつけます。（たすきがけ）

❸ 木工用ボンドを糸にぬり、はしまでしっかりまきつけます。

3 和紙をはった後、墨でりんかくを、ろうで光がすける点や模様をかき、絵の具で色をぬります。

①全体に紙をはり終わりました。

青森ねぶた祭りとは？

青森ねぶたは、七夕のときに灯ろうを川に流す風習が変化したもの、といわれています。
戦後お祭りが大きくなるとともに、人形もどんどん巨大化しました。昭和30年ころまでは、針金を使わず竹で骨組みを作っていたそうです。細かい形が作れて、とてもじょうぶな針金によって、ねぶた人形も大きくなっていきました。現在青森ねぶたの大きさは、台車も含めて5×9×7m（高さ×幅×奥行）以内と決められています。

②まっ白な鬼の顔です。

③ためしに電気をつけてみました。針金のわくがはっきり見えます。

④墨でりんかくをかき入れます。まるで生きているみたいです。

⑤墨の片側を茶色でぼかし、光がすけるようにろう（ろうそくを溶かした液）で模様や点をかきます。ろうはにじみ止めにもなります。

⑥細かいところ。たとえば足の先は？

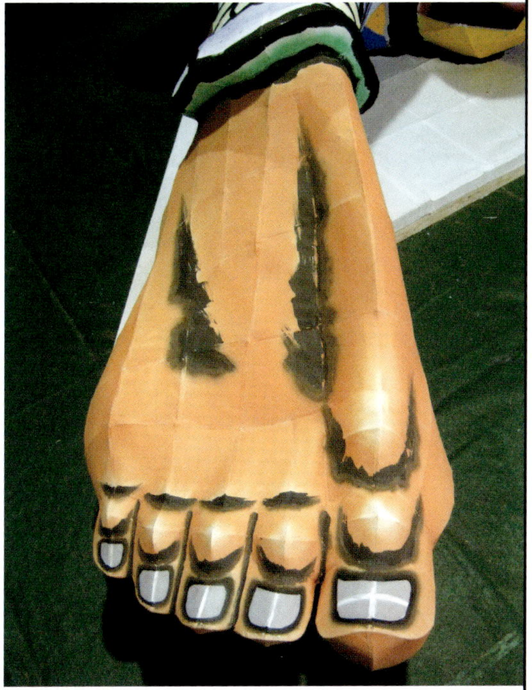

⑦つめまで細かくかきます。絵の具や染料で色をつけます。

 大きなねぶた人形ができあがりました。
人形の中にはたくさんの電球が入っていて、夜になるとちょうちんのように美しく光ります。

①全体に色がつきました。タイヤのついた台車にのせ、人の力で動かします。

②電気がつきました。たいへん美しく、迫力があります。

京都金網細工

古いお寺や神社、お店などがたくさんある京都では、昔から伝統の亀甲編み（六角形編み）技法で、たくさんの種類の針金細工が作られてきました。

門札

亀甲編み

針金を網の目のようにねじり合わせて編む、伝統の技法です。六角形が亀の甲らに似ていることから、亀甲編みとよばれています。豆腐すくい網、茶こし、焼き網など、とてもたくさんの種類があります。

寺や神社の建物には、鳥が近づかないように、亀甲編みの金網がはってあることもあります。（知恩院・山門門札）

茶こしの作り方

まるい木の土台。釘の頭はひっかからないよう落としてあります。

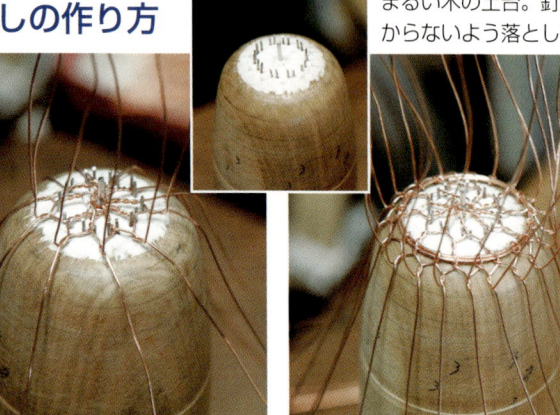

①先を輪にした針金（銅線）数本を中央の釘にかけ、ねじって編みます。

②補強になる輪を入れ、土台の形に合わせて、編み進めます。

③人の手で作ったとは思えないほど、網目が正確に美しくそろっています。

④ふちと柄をつけ、茶こしができあがりました。

作品・制作工程／鳥井幹司

秋田銀線細工

銀がたくさんとれた秋田県では、純銀の線を使った繊細で美しい針金細工が、古くから伝えられてきました。髪の毛くらいに細い針金を一本一本より合わせた小さなパーツで、できています。

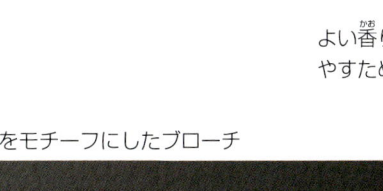
花をモチーフにしたブローチ

よい香りがするお香を燃やすためのうつわ（香炉）

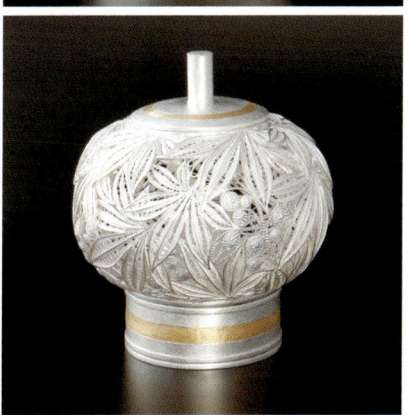

銀線細工の作り方

①細い銀の針金（0.2〜1.5mm）をより合わせたりまるめたりして、小さいパーツを作ります。

②パーツをならべて、さまざまな模様を作ります。

③火をあてて、ろう（接着剤）を溶かしてパーツ同士を接着します。同じ作業をくり返し、組み立てます。きれいに洗った後、みがいて仕上げます。

作品・制作工程／進藤春雄

世界と日本の現代作家

ピカソやカルダーなど、たくさんの作家が針金を使って作品を作っています。人間や動物、乗り物など、一本の針金からいろいろなものが作れます。

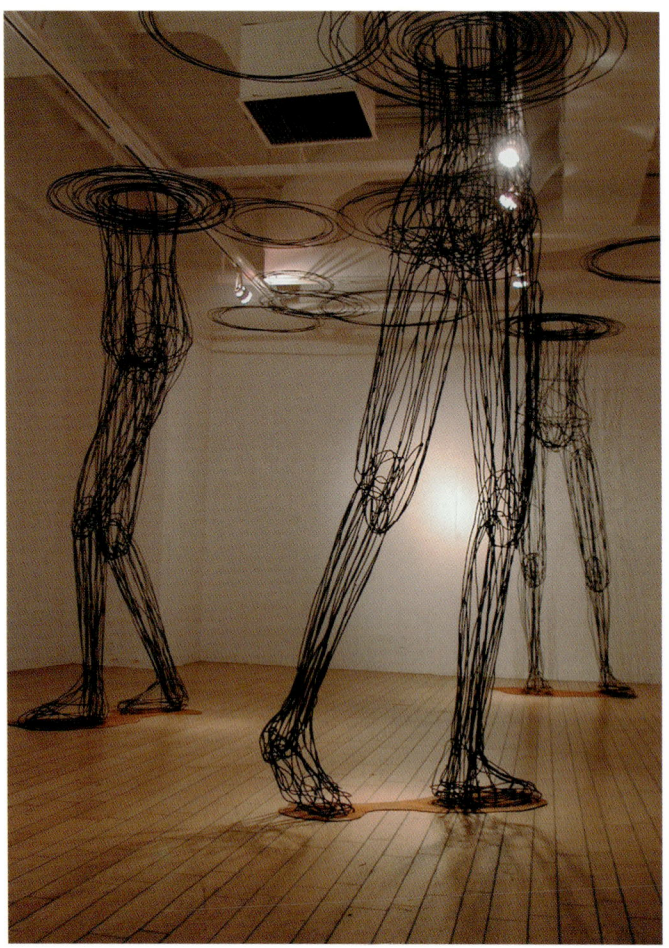

川上りえ
日本の現代彫刻家、川上りえさんの作品です。太い針金を使ってダイナミックに人間を描いています。

世界的に有名な彫刻家ピカソも針金で作品を作っています。鉄製の針金で作られています。

パブロ・ピカソ「立体構成」 1928〜1929年制作
©2008-Succession Pablo Picasso-SPDA（JAPAN）
©Photo CNAC/MNAN Dist.RMN - ©Philippe Migeat

天野由美子
『ここに動物がいたらいいな、と針金で空気にらくがきをします』
（天野由美子さんのコメントです）

撮影／久保田光一

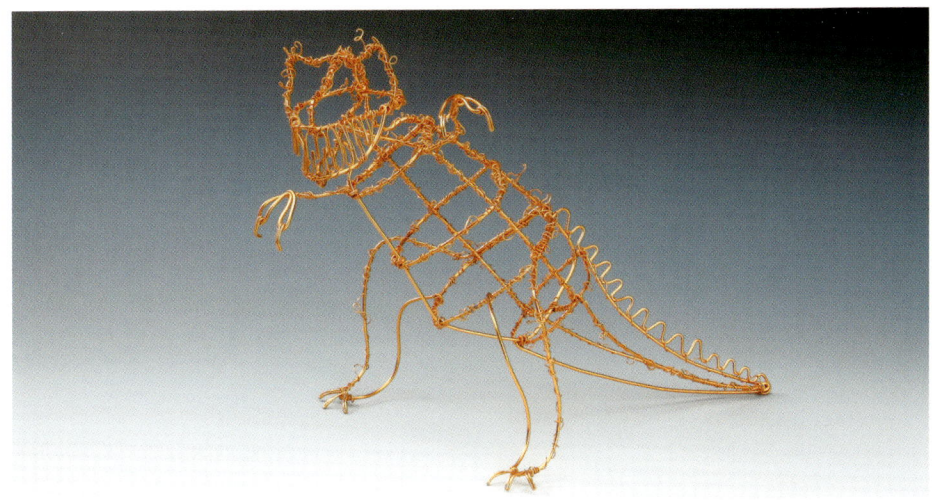

中島郁子

この本の作者の作品です。人間、動物、乗り物、雑貨など、針金を使っていろいろなものを作っています。針金工作の楽しさをみなさんにお伝えしたいと思います。

きょうりゅう。かたい針金で、生きもののやわらかさを表現できることが、とてもおもしろいです。

愛車のスクーターを針金で。

針金で作った顔。影の中にも？

光を入れると、とてもふしぎな影ができます。

針金の伝承遊び
大道芸・針金細工

お客さんと楽しくお話しながら、あっという間にゴムで動くおもちゃを作り上げる大道芸の針金細工。お祭りや縁日の花形です。

針金細工の大道芸を今に伝える小島政治さん。
（府中郷土の森博物館にて）

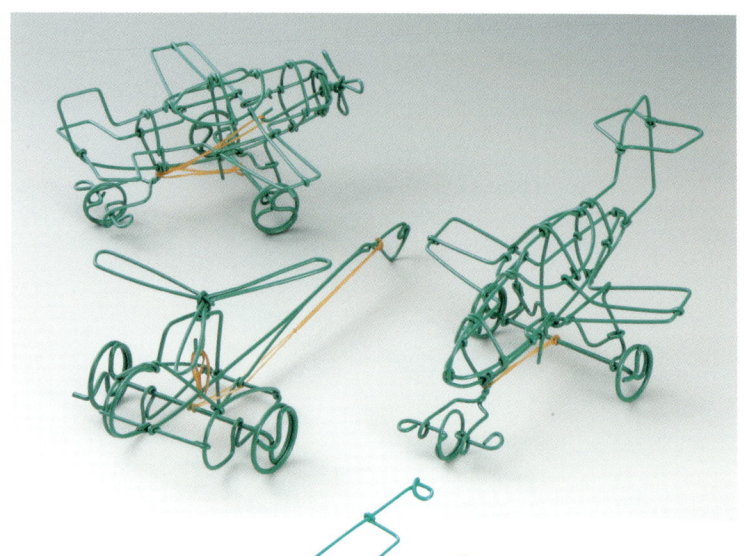

「オラっ！ゴム鉄砲の一丁あがりでぃ。人間様やとなりのねこに向けてうっちゃあいけねぇよ！」
小島政治師匠の威勢のよい江戸弁があたりにひびきます。ゴム鉄砲、三輪車、飛行機、ヘリコプター。屋台の上には楽しい作品がずらりと並んでいます。
それでは大道芸の技を教えていただきましょう。引き金をひくと、ゴムが飛び出るゴム鉄砲の作り方の手順です。（作り方は27ページ）

❶ 道具は、ペンチやニッパーなどです。

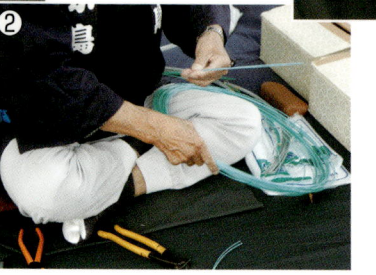

❷ 針金のたばから一本ひき出します。

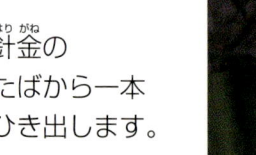

❸ ぎゅっと強くひいてのばし、針金をまっすぐにします。

おじいさんやおばあさんが子どもだったころの日本の風景です。おもちゃの少ない時代の子どもたちには、針金細工は、とてもたいせつな宝物だったことでしょう。
子どもたちが昔の服装や髪型なのに、作られている針金細工は小島師匠の作品とほとんど同じです。受け継がれている貴重な芸だということがわかります。

撮影／土門拳
「昭和のこども・針金細工（新橋）」

完成までたった5分

④ 上部の輪から作っていきます。

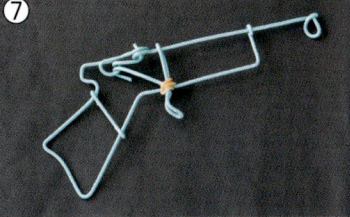

⑥ 定規はまったく使いません。

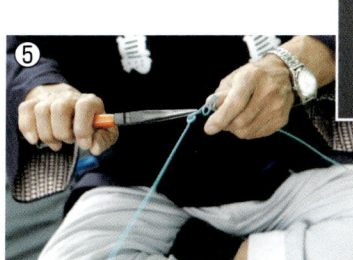

⑤ もうひとつ、輪を作ります。

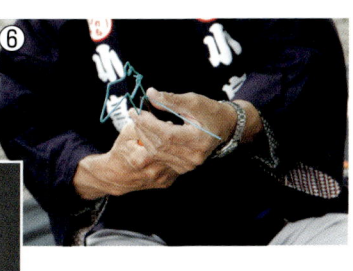

にぎりを補強し、引き金パーツをとりつけて、できあがり。

ゴムをかけたら鉄砲をうつことができます。
ぜったいに人や鳥、動物などに向けてうってはいけません。

作ってみよう

それでは、いよいよ作品を作ります。工具や針金にじゅうぶん注意をして、必ずごみぶくろを用意しておきましょう。

工作に使う針金

鉄・アルミ・銀・銅・ステンレス・しんちゅう。針金にはとてもたくさんの金属が使われています。工作には、やわらかくて使いやすいアルミの針金がおすすめです。

アルミワイヤー（アルミ製針金）

いろいろな太さ（1.0〜3.0mmくらい）があります。工作には1.5〜2.5mmが使いやすいでしょう。色がついている針金もあります。この本では、アルミワイヤーに直接色がついている針金を使っています。

工作に使う工具

ラジオペンチと、できればニッパーを用意します。どちらにもするどい刃がついているので、使うときにはじゅうぶんに注意してください。

ニッパー
針金を切るはさみです。ペンチが入らない場所や、切りそろえる場合に使います。

ラジオペンチ
曲げる、切る、まきつけるなど、ほとんどの工作はこの工具一本で作れます。

まるい軸（ドライバーなど）
針金をまきつけて、ばねを作ります。

瞬間接着剤
とまりにくいつなぎ目に使います。

注意！

★針金はぜったいにふりまわしてはいけません。

★ぜったいに電気を通してはいけません。

★針金の先や切れはしには、じゅうぶん気をつけて。ごみは必ずそのつど集めましょう。

★むずかしかったら、おうちの人に手伝ってもらいましょう。

基本テクニック

正しい工具の持ち方と使い方を覚えましょう。工具や針金をたいせつに扱うのが上達のこつです。

切る

ラジオペンチや、ニッパーの刃がどこにあるかさがしてください。見つかったら刃を体の内側に向けて、工具を持ちます。正しく持ち、刃をよく見ながら切りましょう。

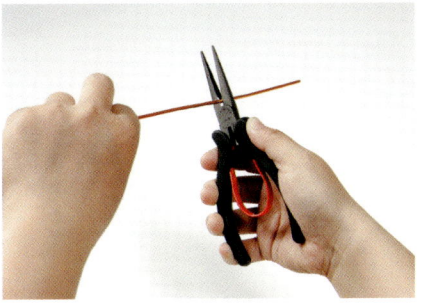

ラジオペンチ
はさむ部分の根元に刃がついています。針金を奥まで入れて、はさみのようににぎって切ります。

ニッパー
刃の中ほどに針金を入れて、切ります。根元に刃がついていないので注意しましょう。

×悪い例
刃を見ないで切るとどこを切っているのかわかりません。刃を体の内側に向けて切りましょう。

ほどく
針金がからまないよう、まっすぐに引き出しましょう。

×悪い例
ほぐしてしまうとあとがたいへん。悪いくせがついてしまいます。

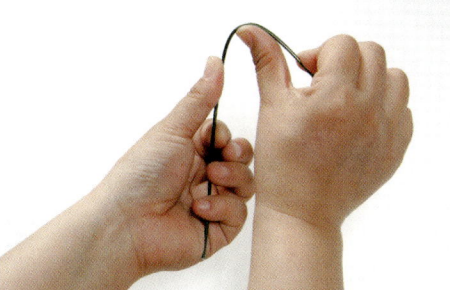

曲げる
指のおなかを使って、ゆっくり曲げましょう。

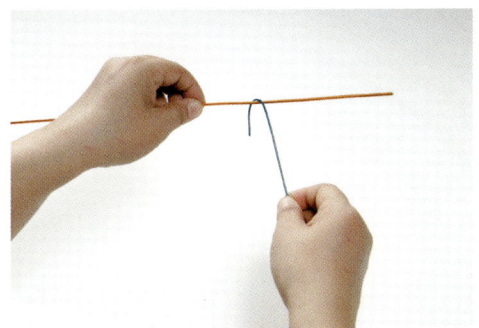

細い針金を太い針金にまきつける

①針金の先を2cmくらいおり曲げて、まきつけたいところにひっかけます。

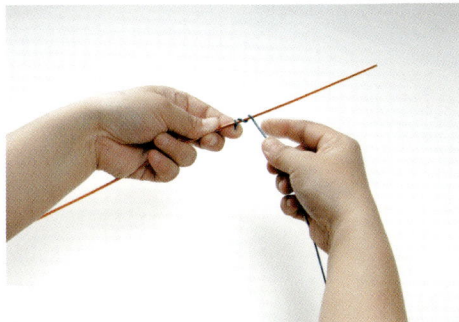

②できるところまで指でまきつけます。

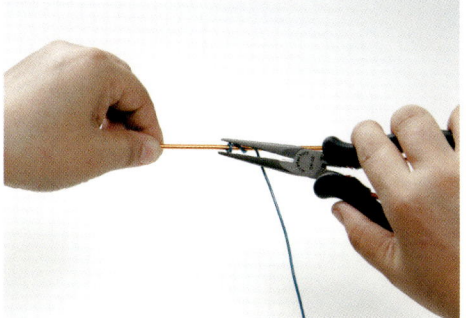

③まきつけにくくなったら、ラジオペンチでしめつけます。

初級 海のクリップとお魚ペン立て

1本の針金だけで作ることができます。

クリップ(魚)
大きさ／たて10cm　横5cm
材料／2.0mmの太さのアルミワイヤーを約50cm

クリップ(貝)
大きさ／たて4cm　横3cm
材料／2.0mmの太さのアルミワイヤーを約25cm

ワイヤーの長さは目安です。色は好みで自由に変えてください。

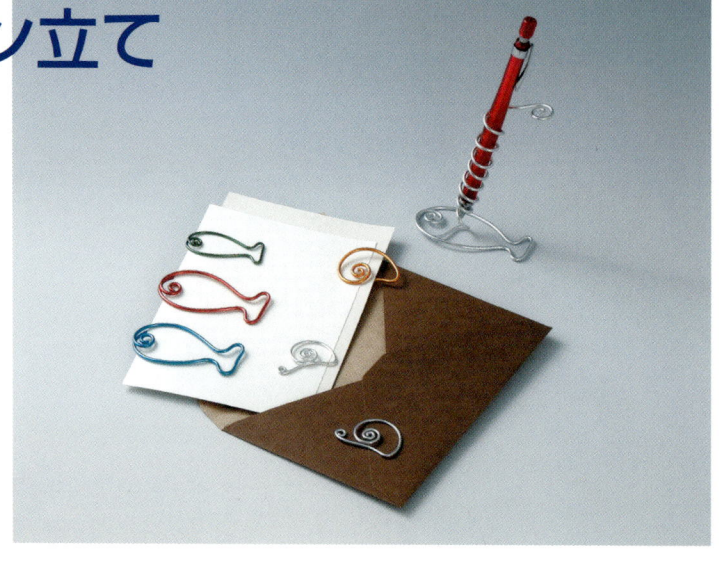

❶ ワイヤーを切り、図に合わせて曲げます。
❷ はしをまるめます。

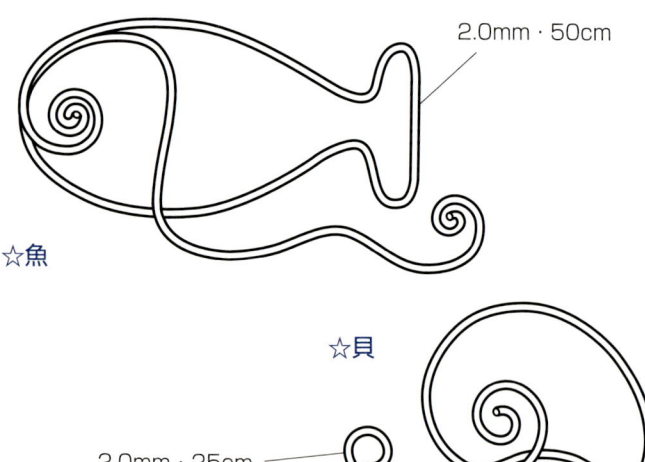

☆魚　2.0mm・50cm

☆貝　2.0mm・25cm

ペン立て
大きさ／たて10cm　横5cm　高さ10cm
材料／2.0mmの太さのアルミワイヤーを約80cm

❶ 魚の形を作ります
❷ ペンにまきつけて、ばねを作ります。
❸ はしをまるめます。

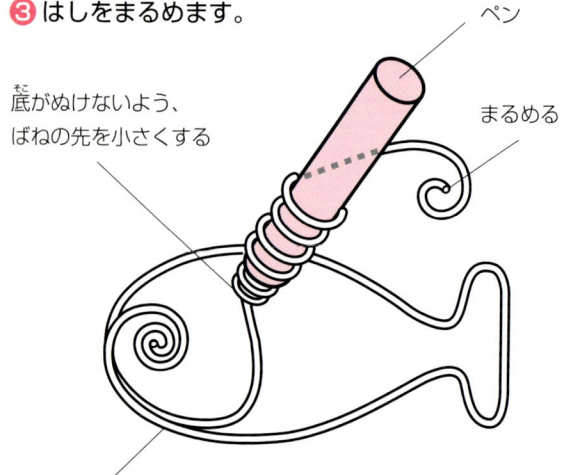

ペン
まるめる
底がぬけないよう、ばねの先を小さくする
2.0mm・80cm

ばねの作り方

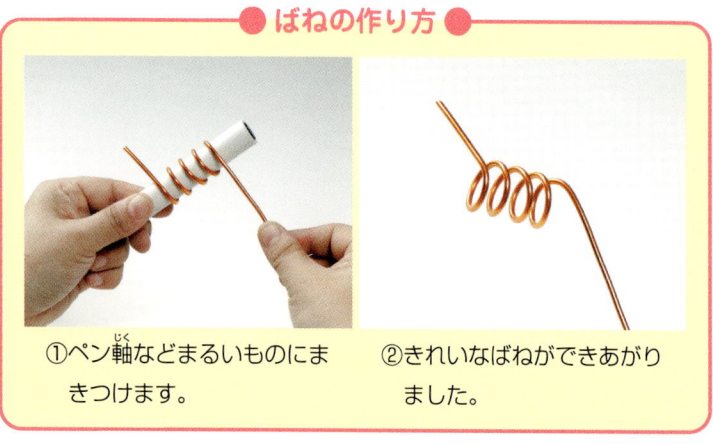

①ペン軸などまるいものにまきつけます。
②きれいなばねができあがりました。

初級 ミニチュアいすとテーブル

まるいものにまきつけて、きれいな円を作ります。

テーブル
大きさ／はば12cm　高さ10cm
材料／2.0mmの太さのアルミワイヤーを約1.5m
　　　1.5mmを約20cm　1.0mmを適量

いす
大きさ／はば10cm　高さ12cm
材料／2.0mmの太さのアルミワイヤーを約1.2m
　　　1.5mmを約30cm　1.0mmを適量

❶ ワイヤーを切り、パーツを作ります。

☆いす・背面パーツ
直径4cm
2.0mm・55cm
20cm
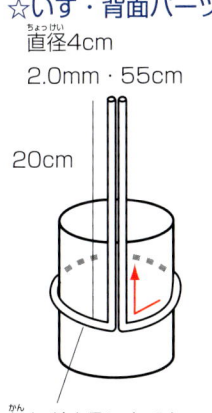
缶などまるいものにまきつける

☆いす・座面パーツ
直径4cm
2.0mm・45cm

☆テーブル・パーツ1
直径8cm
2.0mm・70cm

15cm
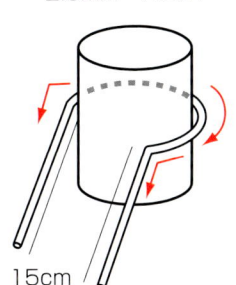

❷ 組み立てます。

☆いす

☆テーブル
①波形パーツを作り、とりつける
②テーブルの大きさに合わせて、ハートパーツを作る
③①②を1.0mmのワイヤーで固定

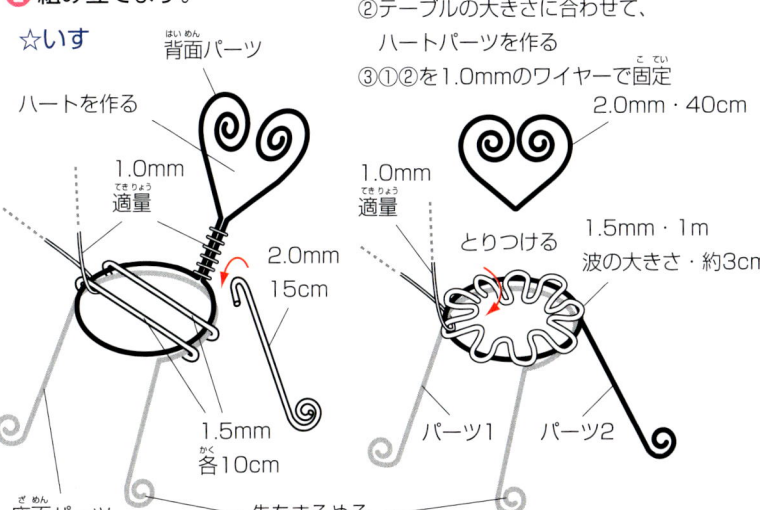

☆テーブル・パーツ2
直径8cm
2.0mm・40cm
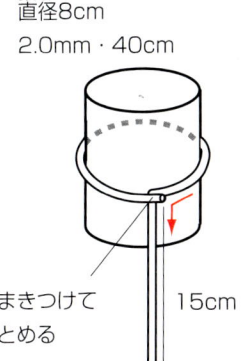
まきつけてとめる　15cm

● うずまきの作り方 ●

まるめたい場所の近くを持って、まるめます。

● 波形パーツの作り方 ●
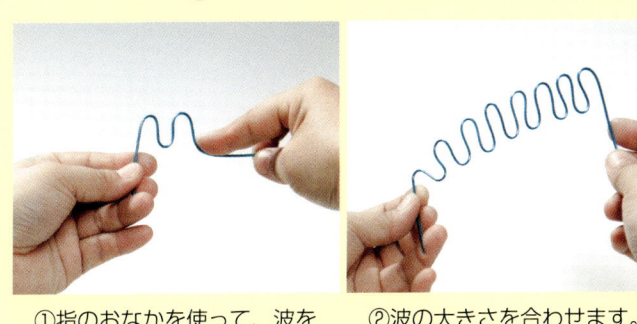
①指のおなかを使って、波を作ります。
②波の大きさを合わせます。

21

中級 編みこみバスケットと仲間たち

細い針金を使って編んでみましょう。

編みこみバスケット

大きさ／
（大）はば15cm　バスケット高さ5cm　全体高さ20cm
（小）はば10cm　バスケット高さ7cm　全体高さ20cm

材料／
（大小共通・1個あたり）2.5mmの太さのアルミワイヤーを約1.5m　1.0mmを約10m（色は好みで）

① わくを作ります。（写真①②③）

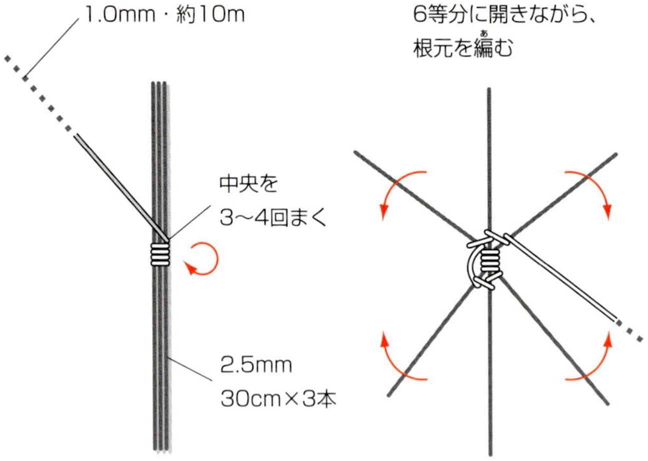

- 1.0mm・約10m
- 中央を3〜4回まく
- 2.5mm　30cm×3本
- 6等分に開きながら、根元を編む

② 編みます。（写真④）

ワイヤーの色や太さ、編み方を変えてもステキ！

大きさは好みで

終わったところにまきつける

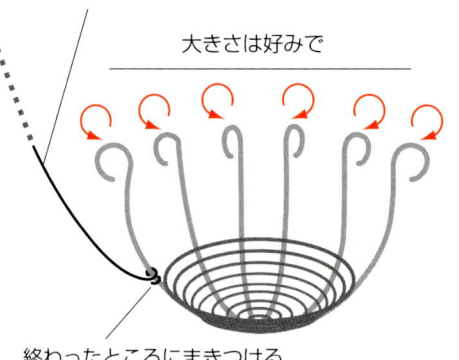

③ 持ち手を作り、とりつけます。
（2.5mm・約30〜60cm）

かたいものにあてて曲げると、らくにバスケットの形が作れます。

● 編み方 ●

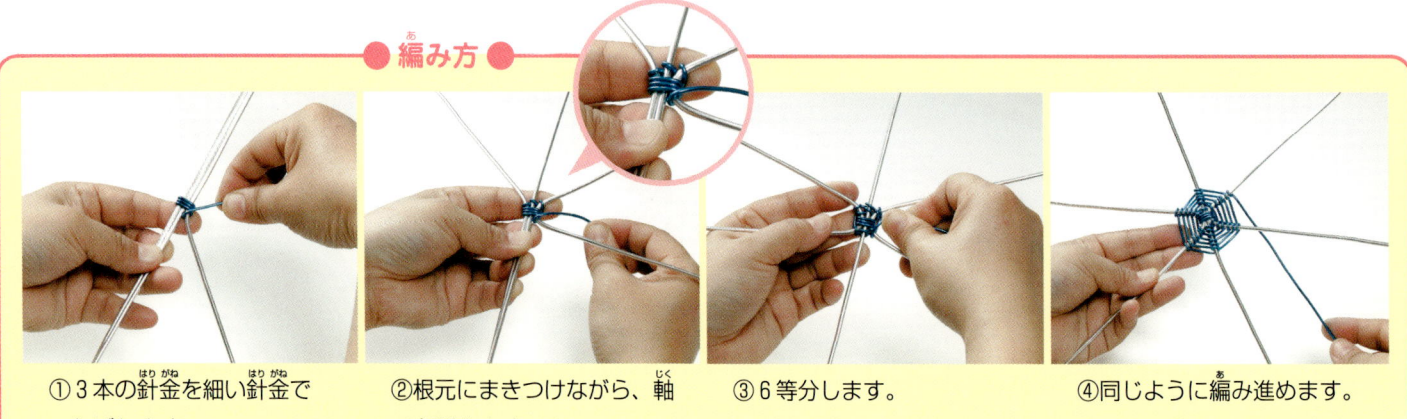

①3本の針金を細い針金でたばねます。
②根元にまきつけながら、軸を開きます。
③6等分します。
④同じように編み進めます。

スタンド型バスケット

大きさ／はば15cm　高さ12cm
材　料／2.5mmの太さのアルミワイヤーを約90cm
　　　　2.0mmを各色約20cm　1.5mm、1.0mmを約10m

❶ わくを作ります。

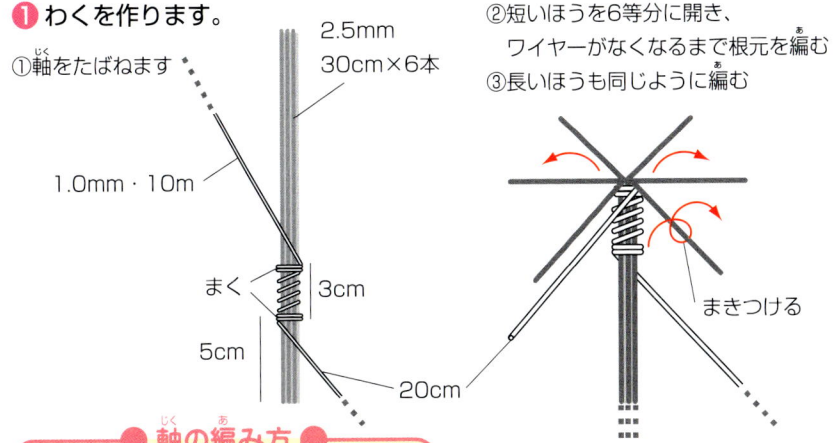

お花のトレイ

大きさ／はば15cm　高さは好みで
材　料／2.5mmの太さのアルミワイヤーを約1.5m
　　　　1.5mmまたは1.0mmを各色適量

❶ わくを作り、編みます（左ページと同じ手順）。
❷ わくを固定し、トレイの形を作ります。

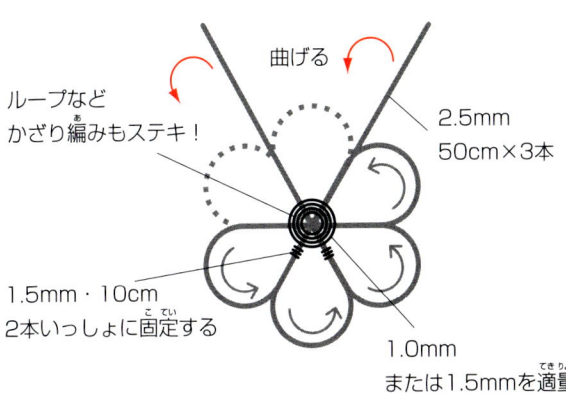

❷ 編みます（左ページと同じ手順）。
❸ かざりのパーツを作り、とりつけます。

● 軸の編み方 ●

たばねたワイヤーを直角に折り、左ページと同じように編みます。

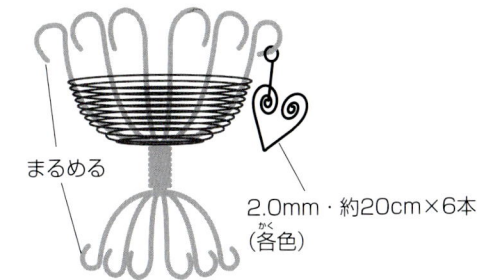

● わくの固定方法 ●

細い針金を短く切り、半分に折ってからわくに通します。

上級 ちょうととんぼ

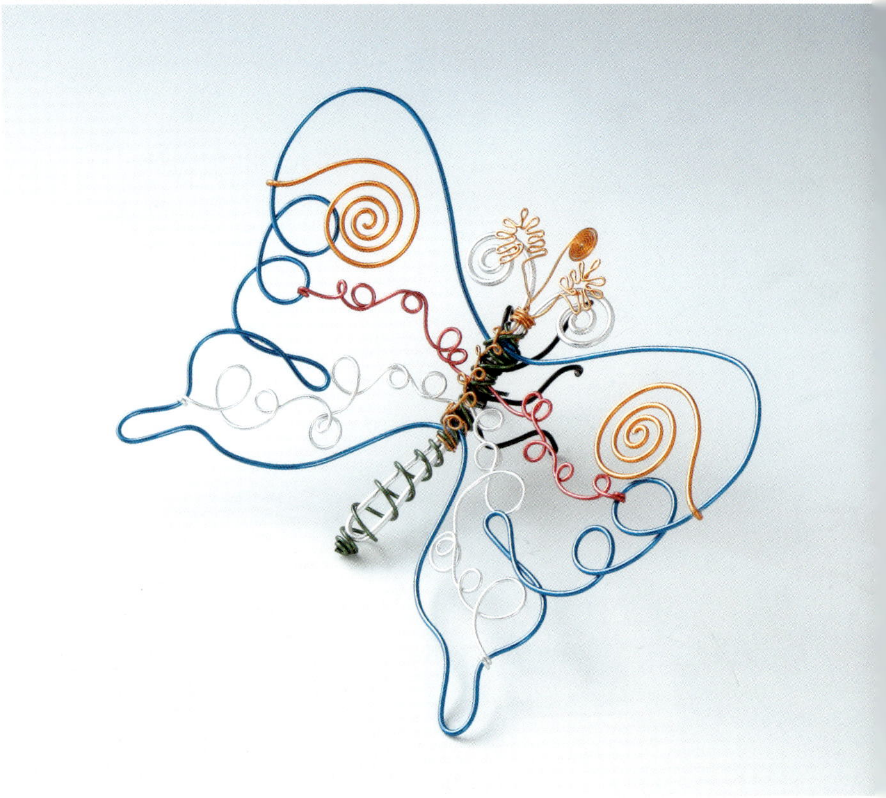

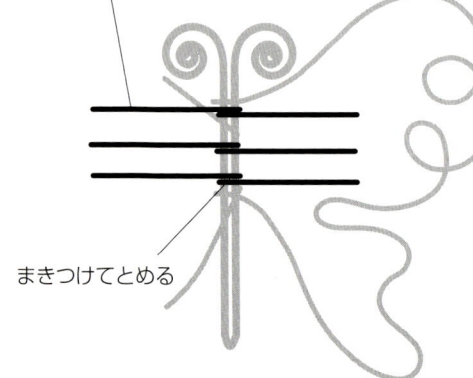

ちょう

大きさ／たて15cm
　　　　横15cm
材料／2.5mmの太さの
　　　アルミワイヤーを約30cm
　　　2.0mmを約1.2m
　　　1.5mmを約1.2m
　　　1.0mmを約40cm

❶ どうを作ります。

①半分に折る　2.5mm・30cm
②目を作る　まるめる
10cm
細くする

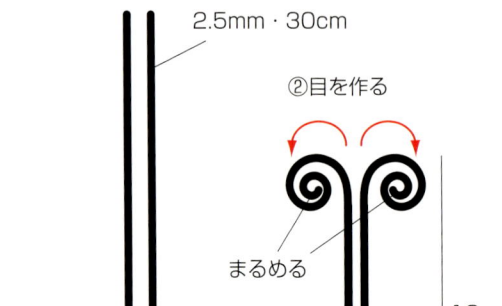

❷ はねを作ります。

2.0mm・60cm×2本
まきつけてとめる
形を整える

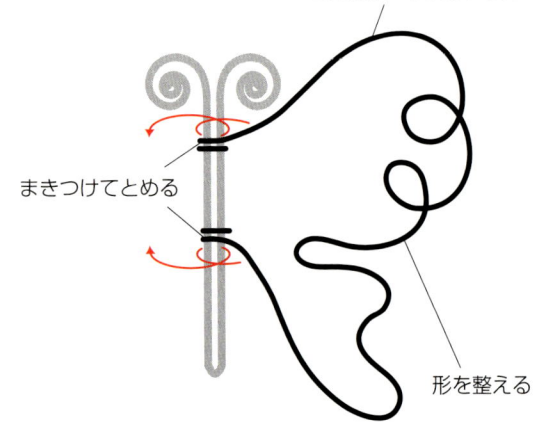

❸ 足を作ります。

1.5mm・15cm×3本
まきつけてとめる

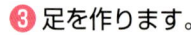
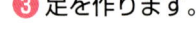

❹ どうをとめます。

1.5mm・60cm

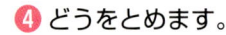

❹ かざりをつけ、ちょうらしいポーズにします。

①はねをかざる
②1.0mmで口やしょっかくを作る
③足や体を曲げる

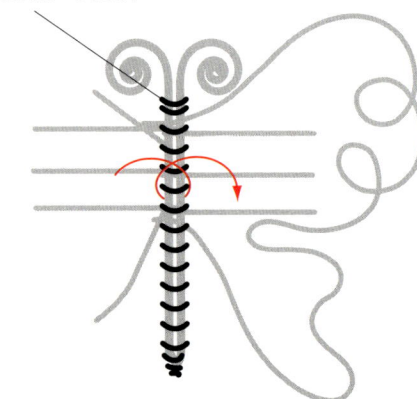

じょうずに曲げて、ちょうやとんぼらしく作りましょう。

とんぼ

大きさ／たて15cm
　　　　横15cm
材　料／2.5mmの太さの
　　　　アルミワイヤーを約30cm
　　　　1.5mmを約2m
　　　　1.0mmを約40cm

❸ 足を作ります。

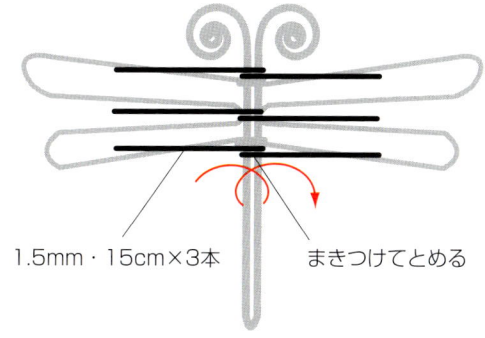

1.5mm・15cm×3本　　まきつけてとめる

❶ どうを作ります。
①半分に折る

2.5mm・30cm

②目を作る

まるめる

細くする

10cm

❷ はねを作ります。
①はねのパーツを作る

10cm
1.5mm
40cm×2本

②パーツを固定する

まきつけてとめる

形を整える

❹ どうをとめます。

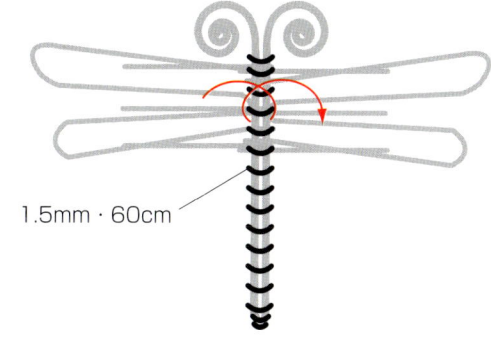

1.5mm・60cm

❺ かざりをつけ、とんぼらしいポーズにします。
①はねをかざる
②1.0mmで目やしょっかくを作る
③足を曲げ、先に1.0mmをまく

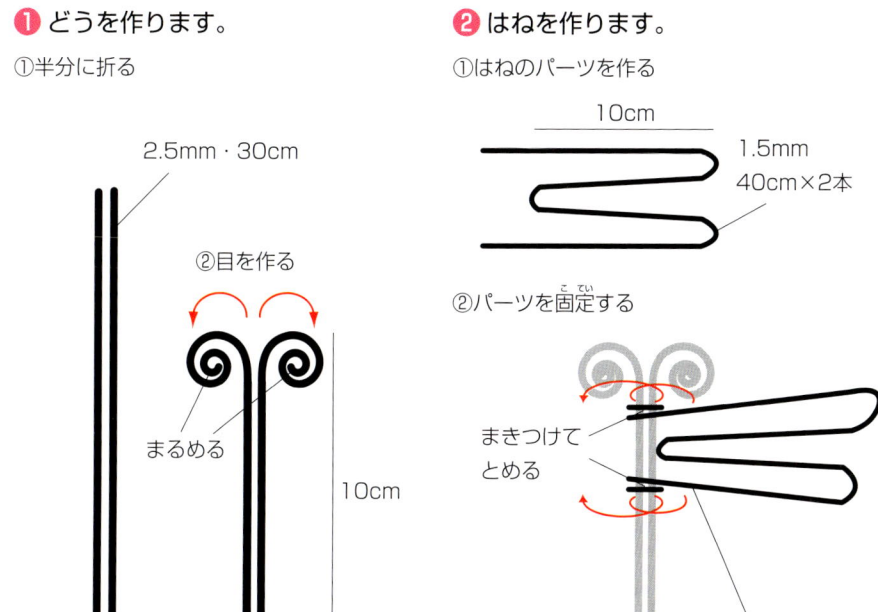

上級 クラウンとアクセサリー

いろいろな形のパーツを作り、つなぎ合わせてみましょう。

アクセサリー（ネックレス）
大きさ／（パーツ１個につき）
　　　　長さ5cm　幅1.5cm
材　料／（パーツ１個につき）
　　　　2.5mmの太さの
　　　　アルミワイヤー（金）を約10cm
　　　　1.5mm（各色）を約1m

アクセサリー（リング）
大きさ／はば3cm　高さ4cm
材　料／1.5mmの太さのアルミワイヤー（ピンク）を約30cm

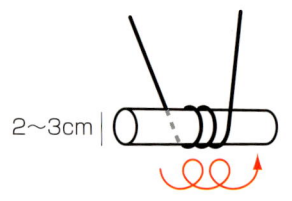
2～3cm

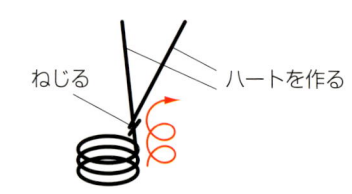
ねじる　ハートを作る

クラウン
大きさ／たて15cm
　　　　横15cm
材　料／2.5mmの太さの
　　　　アルミワイヤー（金）を約1m
　　　　1.0mm（金）を約1m
　　　　1.5mm（各色）を約30cm

❶ わくを作ります。

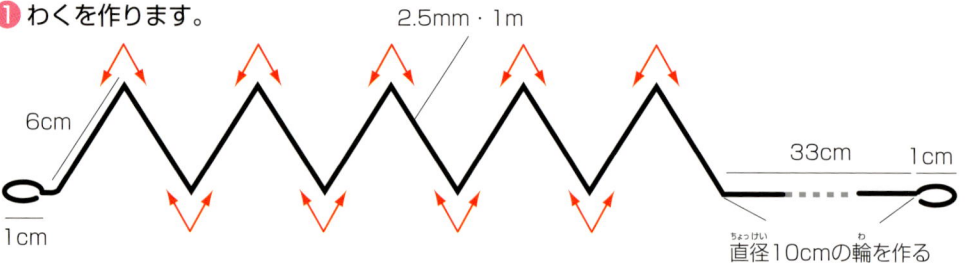
2.5mm・1m
6cm
1cm
33cm　1cm
直径10cmの輪を作る

❷ かざりを作り、とりつけます。

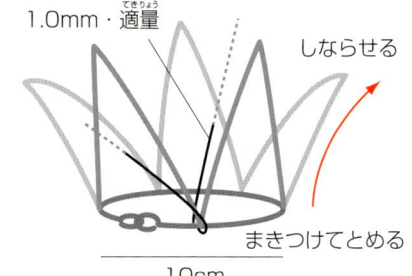
1.0mm・適量
しならせる
まきつけてとめる
10cm

● アクセサリーパーツの作り方 ●

①軸にまきつけて、ばねを作ります。

②約10cm作り、針金を切ります。

2.0mm
③太い針金にくるむように、ばねをまきつけます。

④太い針金の先端に輪を作り、パーツ同士をつなげます。

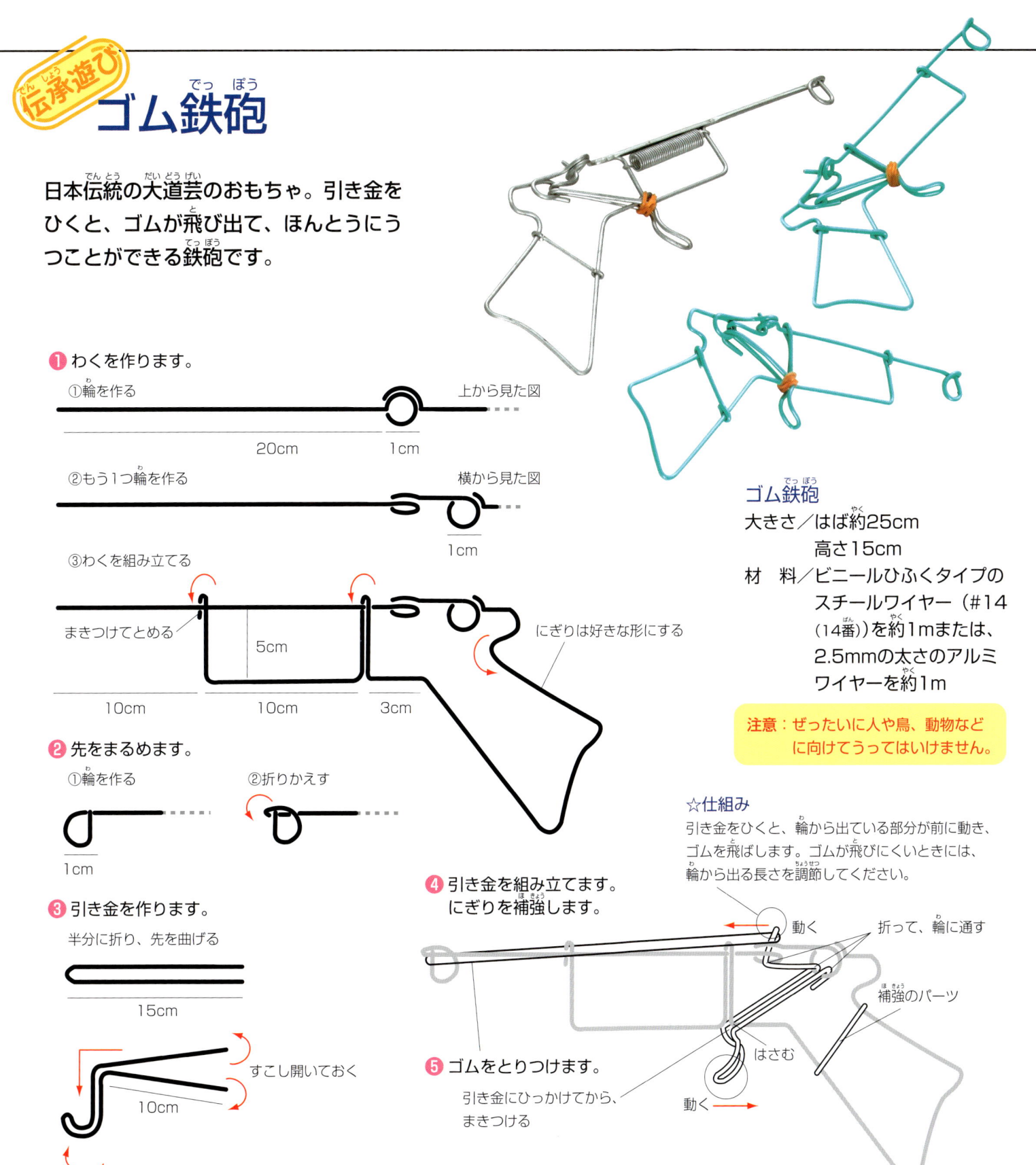

針金と針金細工の歴史

世界の針金と針金細工

古代～中世──金の針金

はじめにお話したように、現在見つかっているもっとも古い針金は、エジプトのピラミッド近くのお墓から発掘された、入れ歯に使われていた金の針金だといわれています。

その昔、針金は薄くのばした金属板を細長く切って作られていました。しかしこの方法で作った針金は弱く切れやすく、しかもたいへん高価でした。貴金属（金や銀）を編んだり鎖にしたりして、王様など偉い人のアクセサリーや寺院や神殿などを飾る、特別な材料としてたいせつに使われ、針金だけで使われることはほとんどなかったそうです。

鉄で針金が作れるようになってからは、針金を細かい鎖に編み、戦いから身を守る服「くさりかたびら」や、手袋などに広く用いられました。

中世──針金が普及するきっかけ

針金が広く使われるようになったきっかけは、新しい技術の発見によるものです。

12世紀のドイツ地方で、水車の力を利用して金属の棒を強くひっぱって細くのばす、まったく新しい針金の作り方が発明されました。針金はとても強くなり、大量に、安い値段で作れるようにもなりました。針金は広く普及し、農業用の柵や漁業用の金網など、生活の中で便利に使われるようになりました。

17～18世紀──技術はより複雑に

豪華な針金細工はますます発達しました。ヨーロッパやペルシャの王室では、アクセサリーだけでなく、各地の宮殿を飾るキャンドルスタンドやシャンデリアなど、さまざまな工芸品がたくさん作られました。とくに愛されたのはとても大きな鳥かごです。

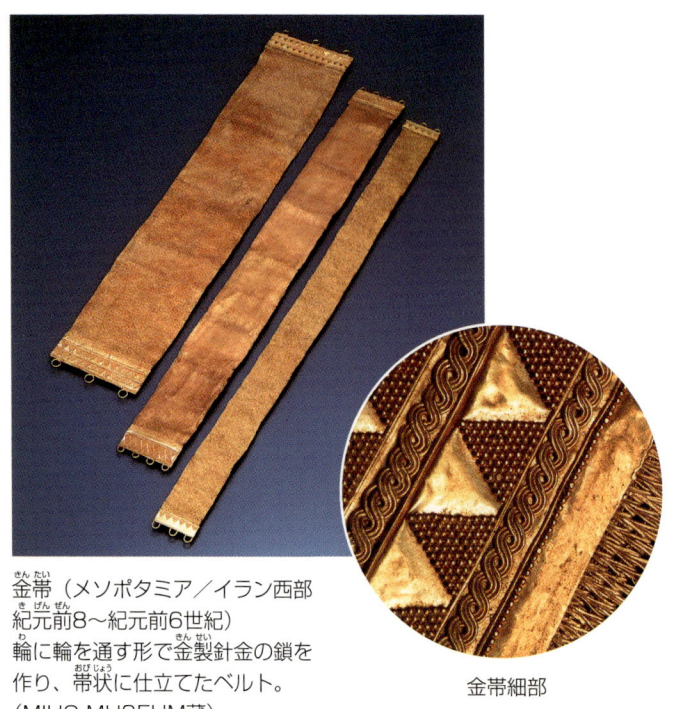

金帯（メソポタミア／イラン西部 紀元前8～紀元前6世紀）
輪に輪を通す形で金製針金の鎖を作り、帯状に仕立てたベルト。
（MIHO MUSEUM蔵）

金帯細部

17～18世紀に作られたお城のような鳥かご（上・フランス　右・オランダ）です。お姫様たちが鳥たちの声と姿を楽しんでいたのでしょうか？

18〜20世紀──スロバキアの針金細工師たち

針金製品はいろいろな形で発展していきます。あらゆる産業を支える材料として使われるとともに、特別な人たちの豪華な装飾品としてだけでなく、人々がふだんの生活の中で使う雑貨としても普及していきました。

現在わたしたちが見かける針金製品は、スロバキアの「針金細工師」たちの影響が大きいといわれています。

約500年前からスロバキア山間部では針金を使ってさまざまな雑貨が作られていました。その後、この地方出身の人々は、「針金細工師」の専門職人として、壊れた陶器を針金で直したり、雑貨を作ったりしながら、世界じゅうを旅するようになりました。針金細工師たちは人々に親しまれ、オペレッタ（軽歌劇）などいろいろな劇や歌の題材にもなっています。

19世紀末〜20世紀に入ったころから針金細工師たちは各地で工場を開き、針金雑貨を大量生産・販売するようになりました。とくに19世紀末・パリ産業博覧会で大規模な展示会が開催されたことは、針金雑貨が人々に注目される大きなきっかけになったといわれています。おしゃれで凝った針金雑貨は、クリスマスや結婚式のお祝いなどたいせつな日のプレゼントに、たいへん人気があったそうです。

針金細工師の歌
スロバキアには、旅の途中の針金細工師たちが、お客さんを呼びあつめるときにうたっていた歌が残っています。日本の「金魚売り」「さおだけ売り」の歌みたいですね。スロバキアの子どもたちは、この歌を学校で習うそうです。

Drotárska pieseň. Trenčianska župa, 1880.（針金細工師の歌　1880年採譜）

（スロバキア・ジリナ市ポバシスケー博物館蔵）

アジア・アフリカの針金細工

アジアやアフリカでも、民族の伝統的なデザインを生かした、すばらしい針金細工が各地で作られています。

南アフリカで作られている電話線ワイヤーを使ったかごは、とても有名です。この国の部族のひとつ、ズールー族の人々は古くから麻ひもで模様を編みこんだかごを作ってきました。1980年代、ある人が捨てられていた色とりどりの電話線を使って伝統模様のかごを作ってみたところ、たいへんな評判になりました。その後広く作られるようになり、現在では国を代表する民芸品となっています。

チュニジアの観光地、青い海と空が広がる街「シディ・ブ・サイド」では、イスラム教の教会「モスク」の形をした白く塗られた鳥かごがたくさん作られています。この街では、美しい街なみを維持するため、建物を青と白だけで塗らなくてはならない決まりがあり、鳥かごもこの決まりを守っています（色を塗らないものもあります）。

タイやインド、インドネシアなどアジア各地でも、針金細工は作られています。さまざまな生活雑貨やアクセサリー、おみやげ品のほかに、作業工賃がとても安いため、アンティークのレプリカ製作やデザイナーの手による雑貨などの生産工場としても発展しています。

電話線ワイヤーを使ったかご
（協力／南アフリカ共和国大使館）

針金細工の鳥かご
まるいドームの形は、イスラム教の神殿「モスク」に似せています。
（撮影／神崎大明）

日本の針金と針金細工

針金は日本でも古くから作られてきました。

古墳時代の遺跡からは青銅や、銅を細く削った針金がたくさん見つかり、奈良時代には装飾品や仏具などに広く使われたと伝えられています。

14世紀ころ、水車を使って棒から針金を作る技術が、日本でも各地に広がりました。針金は大量生産できるようになり、鉄の針金は武具や針などの実用品、金や銀の針金は装飾品、銅の針金は金網になど幅広く使い分けられるようになりました。

江戸時代の針金を作るようすがかかれた絵

鉄の原料を火であたため、たたいて棒にしています。

鉄の棒を細く長くのばしています。

絵巻「先大津阿川村山砂鐵洗取之圓」
（東京大学大学院工学系研究科地球システム工学専攻蔵）

針金細工も発展を続けます。銀が豊富にとれる秋田では、細い純銀の線で装身具や香炉などを作る銀線細工が、京都では、亀甲編み技法を利用して生活雑貨から、お寺を覆う金網まで幅広く作る金網細工と、その土地の特色がある工芸品が各地で作られるようになりました。お米のかわりに年貢として納められることもあったようです。

＊　＊　＊

戦後になり、工業技術の発展により、針金はより手に入りやすくなりました。青森ねぶたのように各地のお祭りに、大道芸のおもちゃに、針金工作の材料にと、幅広く作られ、楽しまれるようになりました。針金はわたしたちにとって、とても身近な材料になったのです。

かじか鉢（京都金網細工）
きれいな声で鳴くかえる（かじか）を飼うために、昭和時代に作られたかご。かえるとえさのはえが逃げないくふうだそうです。
（鳥井金網工芸蔵）

花篭形釣香炉
うつわ部分が、細い針金を緻密に編んで作られています。
（東京国立博物館蔵）

現代の針金（世界・日本）

現在、さまざまな時代の針金細工の複製が作られ、各国または地方独特の針金細工もたいせつに受け継がれています。針金を使って作品を作る作家は世界じゅうにいます。新しい技術を使った工業製品にも針金はたくさん使われています。

針金はわたしたちの生活のあらゆるところで使われていて、人々の暮らしを豊かに便利にしています。そしてそのすばらしさは、世界じゅうの人々に愛され続けています。

＊　　＊　　＊

昔も今も針金を作る方法は同じです。金属の丸い棒を50円玉のように穴があいた機械に通し、強い力でひっぱってのばし、だんだん細くします。

昔は水車や馬でひっぱっていましたが、現代では大きな機械を使い、強い力でひきのばします。

針金ができるまでを、図で説明します。

針金の作り方

❶ 金属の太い丸い棒を、穴のあいた機械（ダイス）に通し、ひっぱります。

❷ 少しずつ小さい穴に通し、棒を細くします。

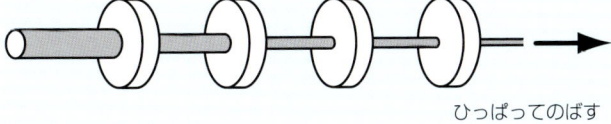

ひっぱってのばす

❸ 細い針金ができあがりました。まきとって大きなたばにします。

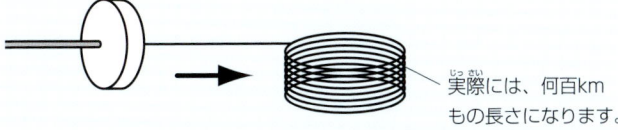

実際には、何百kmもの長さになります。

❹ ねじったり、色をつけたりして、いろいろな種類の針金にします。

❺ 使いやすいように小さい輪にまきます。お店に並んでいる針金です。

これからの針金

技術の発展とともに、日々新しい針金が開発され、その針金を使った新しい製品が作られています。ここではほんの一部の例についてお話しましょう。

楽器：ピアノやギターの弦は、きれいな音が出るように加工された、特殊な針金でできています。

金網フェンス：公園や運動場でおなじみです。動物を飼う場合、たとえば馬用の金網は、馬がぶつかってもけがをしないよう、はねかえるようにできているそうです。

超小型精密ばね：電気製品の部品として、たくさんの種類のばねが使われています。複雑な形をしたものや、目に見えないくらい小さいものもあります。

医療用ワイヤー：入れ歯や外科手術にも針金が使われています。強い・さびないなど最先端のハイテク技術で作られています。

ワイヤーロープ：針金で巨大な橋を吊っています。非常に太い針金をたくさん束ね、重いものや強い力に耐えることができます。ロープウェーやクレーンにも使われています。

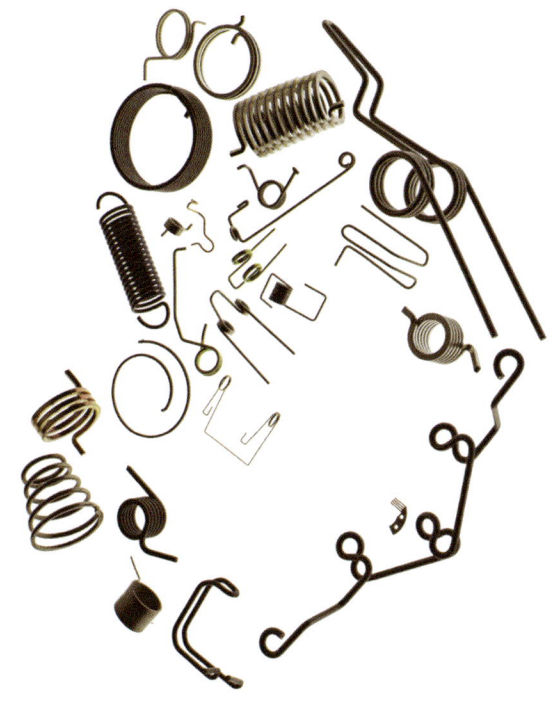

（写真提供／株式会社八幡ねじ）

あとがき

わたしは針金を使っていろいろな作品を作っています。そして日本じゅうを旅しながら、たくさんの人たちに針金工作を教えています。

針金工作教室には、子どもたちからおじいさんおばあさんまで、いろいろな人が参加します。夏休み工作を作りたい、家をきれいにかざりたい、お嬢さんの結婚式にかわいいアクセサリーを作ってあげたい。それぞれが楽しい目的を持っています。

ところがすぐには思い通りに作れません。「むずかしい」「何でこうなるの?」こんな文句を口々に言いながら、でもとても楽しそうです。針金を曲げて、組み立てて、だんだん作品ができあがっていくことは、たいへんおもしろい作業なのです。

針金工作に答えはありません。ただし必ず守ってほしい約束がたったひとつ。「あぶない!に気をつけること」、これだけです。その後はどうぞ好きなように作ってください。

あなたがこれから作る作品は、世界にたったひとつ、あなただけのものです。これはとてもすてきなことだと思います。

さあ、この本を見ながら、まずはひとつ作ってみてください。楽しい針金工作の世界へようこそ!

wirefactory 中島郁子(なかじまいくこ)

1962年神奈川生まれ。東京藝術大学美術学部大学院視覚デザイン科修了。ワイヤークラフトデザイン・制作スタジオwirefactory(ワイヤーファクトリー)主宰。ワイヤー作品を多数制作、発表すると同時に、全国各地でワークショップを開催。書籍執筆、専用工具のデザインワーク(グッドデザイン賞受賞)やワイヤー素材開発、キット商品展開など、ワイヤーとワイヤークラフトに関するあらゆるプロジェクトに参加、活躍中。

スタジオ公式HP wirefactory.com

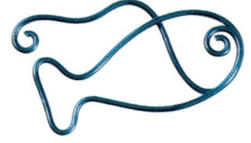

撮影 …………… 文溪フォトサービス
装丁・デザイン ….. DOMDOM
編集協力 ………… 大塚和子
撮影協力・写真提供 …. 青森菱友会 秋田市立赤れんが郷土館
　　　　　　　　　　天野由美子 (株)スリーピークス技研
　　　　　　　　　　(株)八幡ねじ 加藤巳香子・涼夢
　　　　　　　　　　川上りえ 神崎大明 木村アンナ
　　　　　　　　　　久保田光一 小島政治 (財)土門拳記念館
　　　　　　　　　　JRねぶた実行委員会
　　　　　　　　　　(社)青森観光コンベンション協会 進藤春雄
　　　　　　　　　　スロバキア・ジリナ市ポバシスケー博物館
　　　　　　　　　　竹浪比呂央 チュニジア共和国大使館
　　　　　　　　　　東京国立博物館
　　　　　　　　　　東京大学大学院工学系地球システム工学専攻
　　　　　　　　　　鳥井金網工芸 F.O.B COOP
　　　　　　　　　　府中郷土の森博物館 南アフリカ共和国大使館
　　　　　　　　　　MIHO MUSEUM (有)石崎剣山 (敬称略)

■カバー・表紙の青森ねぶたの写真／2007年夏 青森菱友会「鬼神太夫」竹浪比呂央・作
■資料図版
P28右の図版は、INAX BOOKLET『図版構成 鳥かご・虫かご〜風流と美のかたち』中の論文「鳥籠という『建築』」(鈴木博之・筆)より。

針金細工 WIRE ART

2008年4月　初版第1刷発行
2013年2月　　　第2刷発行

著 ……………… 中島郁子
発行者 ………… 水谷邦照
発行所 ………… 株式会社文溪堂
　　　　　　　　〒112-8635
　　　　　　　　東京都文京区大塚3-16-12
　　　　　　　　TEL:編集 03-5976-1511
　　　　　　　　　　営業 03-5976-1518
　　　　　　　　ホームページ:http://www.bunkei.co.jp
印刷 …………… 凸版印刷株式会社
製本 …………… 小髙製本工業株式会社
ISBN978-4-89423-558-8／NDC798／32P／257mm×235mm

© Ikuko Nakajima
2008 published by BUNKEIDO Co., Ltd. Tokyo, Japan
PRINTED IN JAPAN

落丁本・乱丁本は送料小社負担でおとりかえいたします。
定価はカバーに表示してあります。